AF339738

L'ÉGLISE

NAPOLÉON III

ET L'EUROPE

L'ÉGLISE

NAPOLÉON III

ET L'EUROPE

PAR

M. DE CACHELEU

Ancien collaborateur du Journal des Villes et des Campagnes

Lacum aperuit et effodit eum et incidit
in foveam quam fecit.

PARIS

E. DENTU, LIBRAIRE-ÉDITEUR

PALAIS-ROYAL, 13, GALERIE D'ORLÉANS

—

1861

L'ÉGLISE

NAPOLÉON III ET L'EUROPE

I

La religion et la politique étant étroitement unies dans l'ordre des idées et des principes, ne peuvent être séparées l'une de l'autre sans qu'il n'en résulte de graves dangers pour la société. En supposant que dans un état, la séparation se fît entre la religion et la politique, que les actes et les concordats fussent abolis, l'Eglise livrée à elle-même, le champ laissé libre à tous les enseignements, à tous les schismes, à toutes les sectes, la force des choses amènerait invinciblement le pouvoir politique à se substituer à la puissance spirituelle, et l'on aurait un autocrate qui ferait la police des consciences et des Eglises, en même temps que la police des villes et des routes.

Le Catholicisme est l'âme de notre civilisation, le sceau de notre caractère national ; il est profondément lié au développement de la société française, il est entré dans la substance même de la France. Ni un siècle de protestantisme, ni un siècle de scepticisme, ni une révolution sanglante n'ont pu le détruire, tant les destinées de notre pays sont liées à son existence. A peine la révolution française l'avait-elle déclaré supprimé que Napoléon, ce puissant constructeur, retira des décombres cette base sur laquelle tout est édifié, et la crut indestructible, par un concordat qu'il signa avec le Chef de l'Eglise. A son début, la révolution de juillet voulut consacrer un temple à tous les dieux et abolir tous les signes extérieurs du Catholicisme ; elle renversa les croix et les inscriptions du faîte et du fronton des Eglises ; elle les fit disparaître au sein des villes et sur les chemins des campagnes ; elle bannit des prétoires de nos tribunaux les images révérées que la foi y avait établies.

Qu'est-il arrivé ? Les croix ont été relevées et remises à leur place, l'image du Fils de Dieu a été rétablie dans les salles d'audience, le Panthéon est demeuré sans hôtes, les cérémonies du Catholicisme, en beaucoup de villes, sont sorties des Eglises à la vue de tout le peuple.

Comment cela s'est-il accompli? De soi-même et par la seule influence de l'esprit catholique dont la France est pénétrée.

Quelques jours de calme ont suffi pour rétablir les droits de la religion nationale et toutes les mains se sont empressées de réparer les dévastations exercées par de modernes vandales.

L'Espagne avait rompu, depuis la mort de Ferdinand VII, les traités et les concordats, elle a dû les reprendre.

Tous les Etats catholiques de l'Europe, les Républiques de l'Amérique du Sud ont senti la nécessité de déterminer les conditions suivant lesquelles deux pouvoirs indépendants l'un de l'autre sont appelés à habiter, à gouverner un même pays.

L'esprit humain, ce voyageur infatigable qui marche la tête dans le ciel, traînant sur la terre la chaîne pesante des événements, n'est point non plus resté stationnaire au milieu des nuages de la philosophie germanique. Détaché des stériles élucubrations hégéliennes, il s'élève maintenant en Allemagne à la philosophie véritable, à celle qui fait de Dieu et de ses lois l'objet des études de l'homme.

L'école théosophique de M. Schelling sert aujourd'hui de transition à ce progrès du génie allemand. En Angleterre, le mouvement puséyste atteste l'essor des idées dans la sphère de la philosophie chrétienne. L'Italie a produit M. Gioberti et son école, qui échappe par l'ontologie aux erreurs qu'ont enfantées les préoccupations psychologiques.

A ce travail de la raison humaine, la France a participé plus qu'aucun autre peuple ; sa puissante activité, qui sous Napoléon a remué le monde d'un pôle à l'autre, ne s'est pas épuisée dans ses révolutions. Elle a traversé plus d'erreurs qu'elle n'avait traversé de royaumes à la suite de son empereur ; elle a vaincu plus d'idées fausses qu'elle n'avait vaincu de nations.

Il n'a jamais existé sur cette terre une œuvre plus digne d'examen que l'Eglise catholique romaine. Les plus fières maisons royales ne datent que d'hier, comparées à cette succession des Souverains-Pontifes. La République de Venise, qui venait après la Papauté, en fait d'origine antique, était moderne, comparativement. La République de Venise n'est plus, et la

Papauté subsiste, non en état de décadence, non comme une ruine, mais pleine de vie d'une jeunesse vigoureuse toujours prête à sortir victorieuse de tous les combats que lui livreraient l'impiété et la révolte.

Une fable des Arabes raconte que la grande pyramide fut bâtie par des rois antédiluviens, et que seule, elle a survécu au déluge, tel fut le sort de la Papauté ; elle avait été ensevelie sous la grande inondation de 1799, mais ses fondements profonds ne furent point ébranlés, et quand les eaux baissèrent, elle apparut seule au milieu des ruines du monde.

La République de Hollande, l'Empire d'Allemagne, le grand conseil de Venise, la vieille ligue helvétique, la maison de Bourbon, les parlements et l'aristocratie de France avaient disparu. L'Europe était pleine de créations nouvelles, un empire français, un royaume d'Italie, une confédération du Rhin. Les derniers événements n'avaient pas seulement affecté les institutions politiques et les limites territoriales ; la distribution de la propriété, l'esprit et la composition des sociétés avaient dans presque toute l'Europe subi un changement complet, mais l'Eglise, toujours immuable, resta debout.

Tout, dans l'ordre métaphysique, se tient par une chaîne indissoluble et remonte au même centre, à Dieu, créateur universel, principe essentiel de l'ordre, raison souveraine qui embrasse toutes les vérités et qui nous éclaire par des rayons échappés d'un Océan de lumières. *Lux vera quæ illuminat omnem hominem venientem in hunc mundum.* Le Catholicisme est enfin le triomphe de la nature intellectuelle sur la nature matérielle, la prépondérance de l'homme moral sur l'homme physique.

Interrogeons les nations qui ont perdu la foi catholique. Que nous disent les côtes d'Afrique autrefois si florissantes? cette patrie des Augustin, des Cyprien, des Tertullien. Que nous disent cette Haute-Asie? cette Grèce arrosée des sueurs des saints Apôtres, à la place des illustres et ferventes Eglises d'Antioche, d'Ephèse, de Corinthe, de Thessalonique, le voyageur étonné ne rencontre partout que des ruines, et du milieu de ces ruines de leur antique gloire, ces nations et ces villes nous crient : « Peuples de l'Europe, nous fûmes vos aînés dans la civilisation, à nous les prémices de la foi. Nous avons été ce que vous êtes, éclairés, libres et heureux ; mais du jour où nous fûmes infidèles à la foi de nos pères, le croissant a remplacé la croix, la barbarie la science, l'esclavage la liberté ; à l'opulence ont succédé les haillons et la faim. Gardez bien ce que vous possédez, la religion catholique qui vous tira de la barbarie, seule, vous empêche de retomber.

Il y a là pour nous un bien grand enseignement.

II

La France a créé intellectuellement l'Europe, c'est à son niveau que les autres Etats ont toujours tendu à se placer. En paix ou en guerre, conquérante ou conquise, alliée ou ennemie, protectrice ou médiatrice, elle n'a pas cessé, sous toutes ces modifications, de marcher à la tête de la civilisation et du progrès des lumières ; elle a été institutrice ou modèle pour l'art de la guerre ; la politique, la législation, les beaux-arts, les siences, les mœurs et les usages, elle porte en tous lieux son génie, sa langue et ses lois ; de partout on est venu chez elle lui demander des inspirations et des leçons. Ses enfants se sont trouvés à toutes les époques, dans toutes les parties du monde. Missionnaires de l'Evangile, guerriers, navigateurs et savants; colons ou commerçants laissant partout des traces profondes du génie de leur pays; semant la civilisation comme un produit naturel du sol de leur patrie.

Le Catholicisme, la Monarchie, la Liberté, voilà la trinité intellectuelle, politique et morale qui a fait la gloire et la grandeur de notre pays pendant quatorze siècles. La France est le livre que les peuples lisent tous les jours et dans lequel ils cherchent leur avenir.

III

Quelle est maintenant l'histoire du peuple Juif? Il a lutté pendant deux mille ans contre toutes les grandes puissances, il n'a jamais laissé faiblir sa foi à ses croyances ni laissé périr son art, ses lois, c'est-à-dire la patrie. Et quand les successeurs d'Alexandre revenaient avec des armées innombrables pour fouler aux pieds ces généreuses montagnes, du fond de ce néant où était le peuple Juif, Dieu a tiré les Macchabées, qui sont restés comme un exemple à toutes les nations opprimées par des peuples plus grands qu'elles. Qui a fait également la force de la nation Juive? Ce fut la foi à sa religion. Notre religion ne s'arrête pas même à son fondateur; arrivée à cette époque, elle se noue à un autre ordre de choses, à une religion typique qui l'a précédée, qui est la religion juive : l'une ne peut être vraie sans que l'autre ne le soit; l'une se vante de promettre ce que l'autre se vante de tenir, en sorte que celle-ci, par un enchaînement qui est un fait visible, remonte à l'origine des temps; elle naquit le jour que naquirent les jours.

IV

Il est important de rassurer en ce moment les Catholiques sur les conséquences d'une lutte devenue inévitable en Italie, entre le Catholicisme et l'impiété. La France, dans ces circonstances, ne fera sans doute défaut ni à la religion, ni au pays. Le Chef qui la gouverne, qui a donné à son avènement au trône tant de témoignages de déférence et d'attachement à la religion, qui, après les mauvais jours de 1848, a ramené le Saint-Père au Vatican, et protége avec tant d'empressement les chrétiens d'Orient contre leurs persécuteurs, doit être aujourd'hui le plus ferme soutien de l'unité catholique, en imposant le respect dû au Chef suprême de l'Eglise, et en le rétablissant dans ses droits de Souverain temporel. Le Souverain qui a sauvé la France des invasions de l'esprit démagogique ne saurait accepter ni ses doctrines ni sa domination sans forfaire à l'honneur [1].

[1] Napoléon III ne peut oublier, sans porter insulte à la mémoire de sa pieuse et vertueuse mère, les enseignements religieux qu'elle ne cessa de lui inspirer dès sa plus tendre jeunesse.

Est-il rien de plus outrageant au Souverain Maître de la terre et aux Catholiques que de voir spolier le Chef de l'Eglise du domaine que lui avaient légué ses prédécesseurs, domaine indispensable à son administration, à son indépendance et à sa dignité [1] ?

« Entendez-moi bien, a dit Napoléon III, il y a quelques années : je suis de la religion du Pape, je sais n'être que de passage ici ; mais j'espère y rester assez pour étouffer les deux monstres du *Socialisme et de la Révolution.* » Ces paroles, inspirées chez le Chef de l'Etat par un profond sentiment religieux, ne laissent aucun doute que l'heure de la retraite de l'armée démagogique qui occupe en ce moment le domaine de l'Eglise ne doit bientôt sonner. Le caractère propre de l'Eglise est de vaincre toutes les fois qu'elle est attaquée. (*Saint Chrysostôme.*) Celui qui se heurte contre cette pierre s'y brise, et celui sur lequel elle tombe en est écrasé. (*Paroles du Sauveur en parlant de l'Eglise.*

[1] Sans domaine, le pape deviendrait le fonctionnaire des souverains de France, de Vienne et de Madrid, qui, au besoin, diminueraient où supprimeraient son traitement. Au point de vue politique et religieux, le chef de deux cent millions de catholiques ne doit dépendre de personne. La main auguste qui gouverne les âmes ne peut être liée par aucune dépendance, devant s'élever au-dessus de toutes les passions humaines.

V

A quel prix les nations ont-elles acheté la gloire impie d'avoir attaqué le Catholicisme, cette redoutable citadelle qui protége la Société et grandit sous son abri? Que de sang n'a-t-il pas coulé en Allemagne, en France et en Angleterre, qui reste toute bariolée de ses Apostasies, et n'en pouvant plus de malheurs, de misères et de crimes. N'y a-t-il rien de plus étonnant, de plus admirable que la fraternité générale qui lie peu à peu entre elles, malgré la sauvagerie de leurs mœurs, malgré le ressentiment héréditaire des races rivales et la différence des idiômes et des dialectes, les nations de l'Europe. Cette fraternité, qui prépare sourdement la civilisation, d'où provient-elle? De l'unité de croyance qui se propage de peuple en peuple, du Midi au Nord.

Et cet élément de la sociabilité européenne future où prend-il son origine? Est-ce dans la tradition des brillantes Académies de la Grèce, du Déisme ou de l'Athéisme? Non, mais dans la doctrine évangélique que les apôtres ont inoculé à l'âme des premières générations barbares. C'est ainsi que doit un jour se consommer dans l'unité la fraternité des peuples.

La fraternité entre les hommes ne consiste point à les réunir dans un même lieu, mais elle consiste à les réunir dans le même esprit. Voyez le corps humain, qui est une des plus belles images de l'unité, pourquoi ses mouvements sont-ils toujours d'accord? Parce que l'unité réside dans la même pensée et que de là elle se répand partout.

« Je vous prie, mon Père, que mes disciples soient unis sur la terre comme nous le sommes nous-mêmes dans le Ciel. » Voilà l'image de l'Eglise tracée dans l'évangéliste saint Jean.

Lisez l'histoire de toutes les nations, lisez les médi-tations des philosophes anciens et modernes, vous verrez que tout, dans le gouvernement des hommes comme dans celui de la nature, ramène à l'unité, et que les citoyens isolés d'un roi, d'un homme, ainsi que les hommes indépendants d'un Dieu, efféminés et méchants par excellence, ne sont plus que des grains de sable à la merci du premier ouragan, c'est-à-dire du premier audacieux venu.

Liberté, civilisation, science, bien-être, charité,
voilà ce que la foi chrétienne implante avec elle; où
n'est point connue cette foi? Esclavage, barbarie,
quelquefois antropophagie, ignorance profonde,
misère de tous genres, inhumanité, voilà ce que
le missionnaire rencontre presque partout dans les
pays où la Croix est encore inconnue.

VI

Je ne puis comprimer l'indignation que je ressens
à la vue de la conduite que tiennent les Souverains de
l'Europe dans les graves événements qui se passent
en Italie, tolérant au mépris des principes sur lesquels repose l'existence du monde, la spoliation de
la plus grande portion du domaine de l'Eglise, ainsi
que celle de tout le royaume de Naples. Et cette
infraction contre les droits des gens, faite en pleine
paix et sans aucune déclaration de guerre, a été
l'œuvre de la démagogie dont Emmanuel est le
Chef.

Les Souverains font aujourd'hui reculer la civili-

sation de vingt siècles. A ces époques de sauvage barbarie ils se réunissaient pour arrêter la marche envahissante de toute civilisation! Dans leur coupable et inexplicable aveuglement (*Quos perdere vult Jupiter dementat*), ils ont également toléré le drame qui vient de se passer à Gaëte, où ils voyaient avec calme un jeune et noble rejeton d'une race qui a produit de si bons et de si grands rois, sa famille et sa vaillante et fidèle armée aux prises avec toutes les tortures, qui étaient la conséquence inévitable du blocus de cette ville et d'un bombardement incessant qui avait duré quatre mois. L'héroïque François II, dans cette horrible position, défendait le droit des Peuples comme celui des Rois [1]. S'il y a un droit des gens, commun à toutes les nations, il y a aussi un droit commun a tous les Rois, c'est le code de l'honneur, du courage et de la gloire : quiconque oublie les devoirs que lui impose le rang glorieux où il est placé, déroge et fait déroger avec lui la royauté tout entière (Pierre-le-Grand). Souverains de l'Europe, attendez-vous donc que vos Etats soient entièrement envahis par ce torrent révolutionnaire pour ouvrir

---

[1] Il n'y a pas sur la terre de droit contre le droit. (BOSSUET.)

les yeux! Que le réveil de l'honneur mette donc fin chez vous au sommeil léthargique qui compromet tous les intérêts. Craignez que la loi du tallion ne s'applique prochainement sur vous et ne place l'Europe *sur le rail des abîmes.*

La société, telle que l'ont faite les doctrines philosophiques, ne peut longtemps subsister.

L'état de désordre où se trouve l'Europe est trop violent pour durer. Il se livre en ce moment un combat terrible entre le Catholicisme et l'impiété entre le génie du bien et le génie du mal, entre l'esprit monarchique et l'esprit républicain.

Les incertitudes de la politique des souverains ne font que prolonger les angoisses de la société, que fournir de nouvelles armes aux factieux. Il faut que l'Europe tombe bientôt dans le *chaos* ou qu'elle terrasse les ennemis de son repos et de son bonheur. Or, quoiqu'elle soit affaiblie par l'action dissolvante des doctrines anarchiques, et par les continuelles attaques de l'esprit révolutionnaire elle possède encore assez de force pour vaincre. Ne doutons pas que la Providence, au milieu du triomphe des méchants, ne leur préprare une chute terrible, tout à la fois proportionnée à l'insolence de leur orgueil et à l'éclat de

leurs victoires. Ces hommes, qui ne savent qu'ex-
terminer et détruire, ne sont pas faits pour tenir dans
leurs mains les rênes des Etats, ils remplissent mo-
mentanément envers les nations le rôle du bourreau,
et ils disparaîtront de la scène quand les arrêts de la
justice éternelle seront accomplis.

Pauvre Europe! voilà donc à quel point on a jusqu'à présent abusé de ta crédulité ! Depuis que tu as
fait des progrès dans de nouvelles lumières, quels
avantages en as-tu retirés ? Tu as essayé de tout
comme un malade qui croit quitter la maladie en
changeant de place, mais elle le suit partout, elle s'ag-
grave au lieu de diminuer. Depuis soixante-dix ans,
par combien d'agitations et de malheurs n'es-tu pas
passée ? Le bonheur t'a toujours fui, tu ne trouves
plus de sécurité. A peine crois-tu à un avenir ! Comment te retirer d'une position aussi affreuse? Ce ne
sera que par un retour vers les croyances de tes pères ;
car sans foi il n'y a plus d'époux, plus de père, plus
d'enfants, plus d'asile, plus de *patrie*.

Législateurs de l'Europe, vous parlez de refaire, de
reconstruire et de sauver le monde par de nouvelles
constitutions ; vous faites bien. Mais avant tout, si
vous voulez fonder, agenouillez-vous devant le Catho-

licisme ; c'est la pierre angulaire de toute société du-
rable, hors de là, il n'y a plus que *ruines, erreurs,
misères, désespoir de la terre et du ciel, révolution.*

VII

L'héroïque François II, le plus digne de la monarchie des rois de l'Europe, obligé enfin par une force
irrésistible de quitter le royaume de ses aïeux,
emporte avec lui les plus vifs regrets de sa vaillante
armée, et les destinées de toutes les populations
de son royaume, les laissant disputer avec énergie
leur nationalité contre le pouvoir précaire de *l'Apos-
tat Victor-Emmanuel.*

Je reproduis l'admirable manifeste que l'infortuné
et héroïque François II a adressé aux peuples des
Deux-Siciles, en date du 8 décembre 1860. Ce manifeste renferme le résumé complet des brillantes qua-
lités de ce prince, de l'infâme conduite d'Emmanuel
à son égard, et l'état malheureux dans lequel se
trouvent les populations de Naples et des Deux-
Siciles.

    » Peuples des Deux-Siciles,

    » De cette place où je défends plus que ma cou-
» ronne, l'indépendance de la patrie commune, votre
» Souverain élève la voix pour vous consoler dans
» vos misères et vous promettre des temps plus
» heureux. Trahis également, également dépouillés,
» nous nous relèverons ensemble de nos infortunes.
» L'œuvre de l'iniquité n'a jamais duré longtemps,
» et les usurpations ne sont pas éternelles.

    » J'ai laissé tomber dans le mépris les calomnies,
» j'ai regardé avec dédain les trahisons, tant que
» trahisons et calomnies se sont attaquées seulement
» à ma personne. J'ai combattu non pour moi, mais
» pour l'honneur du nom que nous portons; mais
» quand je vois mes sujets bien-aimés en proie à tous
» les maux de la domination étrangère, quand je
» les vois, peuples conquis, porter leur sang et leurs
» biens dans d'autres pays, foulés aux pieds par un
» peuple étranger, mon cœur napolitain bat d'indi-
» gnation dans ma poitrine, et je suis consolé seule-
» ment par la loyauté de ma brave armée, par le
» spectacle des nobles protestations qui de tous les
» points du royaume s'élèvent contre le triomphe de
» la violence et de la fourberie.

    » Je suis Napolitain; né parmi vous, je n'ai pas

» respiré un autre air, je n'ai pas vu d'autres pays,
» je ne connais pas d'autre sol que le sol natal. Toutes
» mes affections sont dans le royaume ; vos coutumes
» sont mes coutumes, votre langue est ma langue,
» vos ambitions sont mes ambitions. Héritier d'une
» antique dynastie qui pendant longues années ré-
» gna sur ces belles contrées après en avoir recons-
» titué l'indépendance et l'autonomie, je ne viens
» pas, après avoir dépouillé les orphelins de leur
» patrimoine et l'Eglise de ses biens, m'emparer par
» la force étrangère de la plus délicieuse partie de
» l'Italie. Je suis un prince qui est *votre* et qui a tout
» sacrifié à son désir de conserver parmi ses sujets la
» paix, la concorde et la prospérité.

» Le monde entier l'a vu : pour ne point verser le
» sang, j'ai préféré risquer ma couronne.

» Les traîtres, payés par l'ennemi étranger, s'as-
» seyaient dans mon conseil, à côté des fidèles servi-
» teurs ; dans la sincérité de mon cœur, je ne pouvais
» croire à la trahison.

» Il m'en coûtait trop de punir ; je souffrais d'ou-
» vrir, après tant de malheurs, une ère de persécu-
» tions ; et ainsi la déloyauté de quelques-uns et ma
» clémence ont facilité l'invasion, qui s'est opérée
» par le moyen des aventuriers, puis en paralysant
» la fidélité de mes peuples et la valeur de mes sol-
» dats.

» En butte à de continuelles conspirations, je n'ai
» pas fait verser une goutte de sang, et l'on a accusé

» ma conduite de faiblesse. Si l'amour le plus tendre
» pour mes sujets, si la confiance naturelle de la jeu-
» nesse dans l'honnêteté d'autrui, si l'horreur instinc-
» tive du sang méritent ce nom, oui, certes, j'ai été
» faible. Au moment où la ruine de mes ennemis
» était sûre, j'ai arrêté le bras de mes généraux pour
» ne pas consommer la destruction de Palerme. J'ai
» préféré abandonner Naples, ma maison, ma capitale
» chérie, sans être chassé par vous, pour ne pas
» l'exposer aux horreurs d'un bombardement comme
» ceux qui ont eu lieu plus tard à Capoue et à An-
» cône. J'ai cru de bonne foi que le roi de Piémont,
» qui se disait mon frère et mon ami, qui me protes-
» tait qu'il désapprouvait l'invasion de Garibaldi,
» qui négociait avec mon gouvernement une alliance
» intime pour les vrais intérêts de l'Italie, n'aurait
» pas rompu tous les traités et violé toutes les lois
» pour envahir mes Etats en pleine paix, sans motifs
» ni déclaration de guerre. Ce sont là mes torts; je
» préfère mes infortunes aux triomphes de mes ad-
» versaires.

» J'avais donné une amnistie, j'avais ouvert les
» portes de la patrie à tous les exilés, j'avais accordé
» à mes peuples une constitution, je n'ai certes point
» manqué à mes promesses. Je me préparais à garan-
» tir à la Sicile des institutions libres qui auraient con-
» sacré avec un Parlement séparé, son indépendance
» administrative et économique, et écarté d'un seul
» coup tous les motifs de défiance et de mécontente-

» ment. J'avais appelé dans mes conseils les hommes
» qui me semblaient les plus acceptables par l'opi-
» nion publique en ces circonstances ; et autant que
» me l'a permis l'incessante agression dont je suis
» devenu la victime, j'ai travaillé avec ardeur aux
» réformes, au progrès, à la prospérité de notre com-
» mun pays.

» Ce ne sont pas les discordes intestines qui m'ar-
» rachent mon royaume, mais je suis vaincu par l'in-
» justifiable invasion d'un ennemi étranger. Les
» Deux-Siciles, à l'exception de Gaëte et de Messine,
» ces derniers asiles de leur indépendance, se trou-
» vent aux mains du Piémont. Qu'est-ce que la révo-
» lution a procuré aux peuples de Naples et de Sicile?
» Voyez la situation que présente le pays. Les finances,
» naguère si florissantes, sont complètement ruinées,
» l'administration est un chaos, la sécurité individuelle
» n'existe pas. Les prisons sont pleines de suspects ;
» au lieu de la liberté, l'état de siége règne dans les
» provinces, et un général étranger publie la loi
» martiale, décrète la fusillade instantanée pour tous
» ceux de mes sujets qui ne s'inclinent pas devant le
» drapeau de la Sardaigne. L'assassinat est récom-
» pensé, le régicide obtient une apothéose ; le respect
» au culte de nos pères est appelé fanatisme ; les pro-
» moteurs de la guerre civile, les traîtres à leur
» pays reçoivent des pensions que paie le pacifique
» contribuable.

» L'anarchie est partout. Des aventuriers étrangers

» ont mis la main sur tout pour satisfaire l'avidité ou
» les passions de leurs compagnons. Des hommes qui
» n'ont jamais vu cette partie de l'Italie, ou qui dans
» une longue absence en ont oublié les besoins, consti-
» tuent notre gouvernement. Au lieu des libres insti-
» tutions que je vous avais données et que je désirais
» développer, vous avez eu la Dictature la plus effré-
» née et la loi martiale remplace maintenant la Cons-
» titution. Sous les coups de vos dominateurs dispa-
» raît l'antique monarchie de Roger et de Charles III,
» et les deux-Siciles ont été déclarées provinces d'un
» royaume lointain, Naples et Palerme seront gou-
» vernées par des préfets venus de Turin.

» Il y a un remède à ces maux et aux calamités
» plus grandes que je prévois : la Concorde, la Réso-
» lution, la Foi dans l'avenir. Unissez-vous autour du
» trône de vos pères. Que l'oubli couvre pour tou-
» jours les erreurs de tous, que le passé ne soit
» jamais un prétexte de vengeance, mais une leçon
» salutaire pour l'avenir.

» J'ai confiance dans la justice de la Providence,
» et quel que soit mon sort, je resterai fidèle à mes
» peuples comme aux institutions que je leur ai
» accordées. Indépendance administrative et écono-
» mique entre les Deux-Siciles, avec des parlements
» séparés, amnistie complète pour tous les faits poli-
» tiques, tel est mon programme. Hors de ces bases,
» il ne restera pour le pays que despotisme et anar-
» chie.

» Défenseur de l'indépendance de la patrie, je
» demeure et combats ici pour ne point abandonner
» un dépôt si saint et si cher. Si l'autorité retourne
» dans mes mains, ce sera pour protéger tous les
» droits, respecter toutes les propriétés, garantir les
» personnes et les biens de mes sujets contre toute
» sorte d'oppression et de pillage.

» Si la Providence, dans ses profonds desseins,
» permet que le dernier boulevard de la monarchie
» tombe sous les coups d'un ennemi étranger, je me
» retirerai avec la conscience sans reproche, avec
» une résolution immuable, et, en attendant l'heure
» véritable de la justice, je ferai les vœux les plus
» fervents pour la prospérité de la patrie, pour la
» félicité de ces peuples qui forment la plus grande
» et la plus chère portion de ma famille.

» Le Dieu tout-puissant, la Vierge immaculée et
» invincible, protectrice de notre pays, soutiendront
» notre cause commune.

» Signé : FRANÇOIS. »

VIII

La réaction violente qui continue à faire répandre
tant de sang dans le beau royaume de Naples et le
couvre partout de ruines, démontre avec évidence
que l'élection du nouveau pouvoir a été l'œuvre de

l'intimidation et tout-à-fait étrangère à l'opinion générale des populations. Le droit de l'hérédité du pouvoir est un droit qui vient de la nation, *ce droit est inaliénable*. La nation ne peut point agir par caprice comme le voudraient, à l'égard du royaume de Naples, nos faiseurs de révolutions.

Si la liberté est possible dans une société, elle ne l'est que lorsque l'on met en action des principes vrais. Lorsque l'on a introduit dans un gouvernement des principes faux, la liberté est impossible. Ainsi, les gouvernements qui ont proclamé des principes faux et qui les maintiennent, sont conduits au despotisme par l'intérêt de leur conservation et par la réaction des intérêts contre le mal que ces principes produisent. Ces intérêts les provoquent à restreindre sans cesse la liberté, ce qui ne peut se faire que par l'arbitraire et l'exagération de la force matérielle. Mais ces dernières ressources coûtent cher; il faut, dans cette voie, écraser les peuples d'impôts et obérer les finances; en sorte que les intérêts tombent d'une lésion dans des lésions innombrables. On ne peut exercer l'arbitraire, fausser les institutions et marcher dans un sens opposé aux vrais principes qu'en corrompant les hommes. Or, les hommes ne se corrompent qu'à prix d'or, et une fois qu'ils le sont, ils commettent des déprédations de toutes les sortes.

C'est ainsi que la fortune publique est un pillage et que la société marche à la ruine et à des révolutions incessantes ; car la réaction des intérêts froissés finit par se tourner contre le gouvernement lui-même, qui devient à son tour la cause immédiate des souffrances de tous. C'est la vue de ces inévitables résultats des mauvais principes qui continue d'entretenir la réaction des populations napolitaines [1] contre le pouvoir nouveau, ne trouvant pas dans ce pouvoir cette liberté grande et paisible qui développe le germe et les forces d'une nation, la liberté de l'arbre qui monte vers la lumière, qui pousse ses branches au loin, sous lesquelles s'abrite toute la nation, qui fleurit, qui donne ses fruits sous la double influence de la nature et de la culture; mais il faut que cet arbre ne soit point étranger au sol. En jetant un coup-d'œil sur l'Histoire, il est facile de se convaincre que le principe de royauté légitime est la condition de la vie et de la durée d'une nation. Tout le monde

---

[1] Lorsque deux pouvoirs se heurtent dans une révolution, si l'on voit tomber d'un côté des victimes innocentes, on peut juger que ce parti finira un jour par triompher malgré toutes les apparences contraires.

(Comte de Maistre.)

connait ce mot fameux redit si souvent par Napoléon Ier : « *Ah ! si j'étais seulement mon petits-fils.* »

Jusqu'à présent, dans les pays où la légitimité a poussé ses racines, elle n'a pu être abolie ; *les temps qui avaient vu sa ruine ont vu sa résurrection* (Guizot.) La légitimité est la première puissance de toutes, parmi les nations chrétiennes. Elle était même respectée des peuples les plus anciens chez lesquels la souveraineté était généralement héréditaire, les annales des vieilles monarchies d'Asie, la généalogie des anciens rois d'Egypte et les monuments laissés par les peuples, que l'Europe nourrissait alors, sont des témoignages qui attestent que la souveraineté héréditaire remonte à l'origine des gouvernements, cette transmission de la couronne d'après l'ordre naturel de la successibilité évite les troubles qui résultent d'un ordre différent de succession, l'hérédité de la couronne étant la garantie la plus assurée de celle de la chaumière. Celui qui donne cet esprit de sagesse et de prévoyance aux législateurs pour qu'ils puissent poser les fondements de la tranquillité et de la prospérité des Etats, le leur retire également quand bon lui semble. Il exerce par ce moyen ces redoutables jugements selon la règle de sa justice toujours infailble ; c'est pourquoi il a fait paraître à certaines époques, selon qu'il voulait abattre où reconstruire Attila, Charlemagne, Grégoire VII et jusqu'à notre Napoléon Ier, cet atlas des temps modernes qui, avant de se laisser écraser sous le monde qu'il portait, a accompli avec tant de rapidité et d'éclat cette double mission. On voit donc que les hommes ne sont maîtres de rien et que les choses humaines sont entre les mains d'une puissance supérieure qui doit prochainement produire de grands événements. Cette puissance qui renouvela de fond en comble la société antique ne permettra sans doute pas que la société moderne périsse, à Dieu en sera toute la gloire ! Seul il triomphera, seul il fera surgir la vérité, et à sa voix toute-puissante, les ténèbres s'évanouiront, les montagnes s'aplaniront et les vrais principes nous apparaîtront comme l'ancre de salut après le naufrage, comme l'arc-en-ciel après la tempête, et enfin comme ce fanal sauveur et conservateur qui annonce le port ! Alors, les esprits confondus et éclairés comme malgré eux, admireront *cette main puissante* qui aura sauvé le monde en régénérant la société.

9,481 — Abbeville, Imp. R. Housse, rue Saint-Gilles, 106.